Encore des fleurs et des épines!

Un second recueil de chants et de poésie

Luc A. Granger

Encore des fleurs et des épines!

Un second recueil de chants et de poésie

© 2017 Luc A. Granger (Éditions du Ch'min Hemming)

Edition : BoD – Books on Demand
12/14 rond-point des Champs Elysées
75008 Paris

Imprimé par BoD – Books on Demand, Norderstedt
ISBN : 978-2-3221-3765-7
Dépôt légal : Janvier 2017

Je dédie ce recueil à mes quatre filles : Émilie, Évelyne, Élyse et Caroline, ainsi qu'à tous mes petits-enfants.

Une pensée émue pour les membres de ma famille, vivants ou décédés, qui m'ont inspiré le chapitre «*La vie des miens*» du présent recueil.

Encore merci au monde pour m'avoir inspiré la plupart des chants et des poèmes de ce recueil avec l'espoir qu'il fera des efforts pour s'améliorer un tant soit peu!

TABLE DES MATIÈRES

VIVRE/MOURIR

Et si la Terre se mourait?	page 9
Anticosti en danger de mort	page 10
Vis ta vie merde!	page 11
Je t'aime à mort! Je te hais à vie!	page 15
Des enfants jouets	page 15
Une vie de rêve	page 16
Oui, la mort est garantie	page 17
Vie de fourmi	page 18
L'homme, plus fort que Nature	page 19
Le prix d'une vie	page 20
Vie de fleur, vie d'abeille	page 22
La cour des anges	page 23
Il faut aimer toutes les fleurs	page 24
Le Bien vs le Mal	page 26
L'enfance heureuse	page 27
Dérapage	page 29
Vent d'espoir	page 30
Juste un peu de nous	page 30
Cette fille a changé ma vie	page 31
La liberté est morte	page 32
À vos armes, il faut tuer la guerre	page 33
La mort d'un poète	page 34
L'Inspiration	page 36
Mon voisin gonflable	page 38
Il était une foi...	page 39

LA VIE DES CHANTS

La star de ma vie	page 40
Je n'ai fait que chanter	page 41
Je chanterai pour lui	page 43
Une tonne d'amour	page 45
L'amour brut	page 46

LA VIE DES MIENS

La vie de Joseph	page 47
Tout en pensant à Lorraine	page 49
Toune d'automne pour Chantal	page 51
Chantal libérée	page 54
Thérèse et Maurice	page 55
Pierrette et Lucien	page 59
Agathe? Une perle!	page 60

UNE VIE DE... STARR
(Belle Starr, la Reine Hors-la-loi - the Bandit Queen - L'Amazone de l'Ouest)

Préambule – La guerre de Sécession	page 61
Le tonnerre des canons	page 61
Maybelle	page 62
Mon premier amour : Jim Reed	page 63
Me voilà Starr avec Sam	page 65
Un vol de bétail - Un procès - En prison	page 66
L'Amazone de l'Ouest	page 67
Que sont mes enfans devenus?	page 68
La mort de Sam dans un «gunfight»	page 69
Toujours Starr avec Jim July Starr	page 70
Une balle dans le dos	page 71
Épitaphe	page 72
Déclaration de belle Starr	page 72

L'AVENIR, MAIS QUEL AVENIR?

Mes vœux pour un an prochain	page 73

DES FLEURS ET DES ÉPINES – DERNIÈRE

Le monde est merveilleux	page 75
Ode à la dernière baleine	page 76

Allez, bouge!

La Terre bouge, la Galaxie bouge, toutes les étoiles bougent
Et toi, tu resterais là, couché, prostré, immobile dans ton bouge

VIVRE/MOURIR

Et si la Terre se mourait? (Novembre 2016)

La Terre…
Ce fleuron du Cosmos
Est une planète magnifique, unique peut-être
Principalement verte et bleue, les couleurs de la Vie
De la vie telle que nous la connaissons
Elle est peuplée de gens qui naissent
Plusieurs dans des conditions favorables
Mais plus encore dans des conditions défavorables
Ou plutôt défavorables
Des gens qui vivent vraiment, d'autres qui vivotent
D'autres encore qui ne font que survivre
Et puis tous ces gens qui cherchent le bonheur
Au cours de leur vie, peu importe sa durée
Meurent après avoir vécu
Vivoté ou tout simplement survécu!

La Terre…
Est un monde partagé entre l'amour et la haine
Un monde de bons et de méchants, de doux et de forts
Les méchants étant trop souvent trop forts
Et les bons trop souvent trop doux

Un monde…
Plein de gens qui s'amusent et rient un peu
Qui souffrent et pleurent beaucoup plus encore

Un monde…
Dont la nature est foncièrement généreuse
Et que les bêtes et les hommes ont réussi à apprivoiser
Mais une nature qui, à l'occasion, leur fait la vie dure
Aux hommes et aux bêtes!

Depuis le début, en 1945, de l'ère que l'on dit «anthropocène»
Ce sont les hommes qui lui font, à la nature, la vie dure :
Une partie ce qu'elle a mis des millénaires à créer
A été détruite en moins d'une génération d'humains!
La Terre est désormais en péril de mort!

La Terre?
Un monde végétal et minéral parcouru
Par des bêtes et par des hommes
Mais dans lequel aucune bête n'a vraiment le mauvais rôle
À moins que la bête en question ne soit justement...
Un homme!

La Terre...
Mourra-t-elle d'avoir engendré et hébergé l'espèce humaine?
De l'espoir et du découragement...
Des fleurs et des épines...
Eh oui! Encore!

Anticosti en danger de mort? (Décembre 2016)

C'est aujourd'hui que le gouvernement donne le feu vert
Aux foreurs pétroliers; voilà, un bar est grand ouvert!
On enfonce de longs tubes dans le sol de l'île Anticosti
Et on fouille à fond les entrailles de la vierge pervertie
Pour en faire jaillir l'or noir sale si cher à l'économiste

Mais il y a un autre adversaire, un challenger, sur ce ring
Où tous les coups sont permis; voilà, la cloche fait ding...
Sont rassemblés les chevreuils, spectateurs incrédules
Des dévastateurs coups de poing des immenses bidules
Pourra-t-il arrêter le massacre annoncé, leur ami écologiste?

La lutte est inégale car, bien sûr, le combat est arrangé
D'un côté, les pétro-dollars, de l'autre, un pseudo-danger...

Vis ta vie, merde! (Novembre 2016)

Vis ta vie, merde!
Avant que tu la perdes
Vis ta vie, criss!
Avant que l'on t'enfouisse
Vis ta vie avec cœur
Avant que tu meures
Vis ta vie avec grandeur d'âme
Avant de brûler dans les flammes
Vis ta vie de concert
Avant que l'on t'enterre
Vis ta vie émancipé
Avant d'être RIP
Vis ta vie sans amertume
Avant qu'on t'inhume
Vis ta vie de main de maître
Avant de disparaître
Vis ta vie sans disputes
Avant la grande culbute
Vis ta vie, fort et fier
Avant de dormir dans ta bière
Vis ta vie sans maudire
Avant que tu chavires
Vis ta vie sans bisbille
Avant que tu vacilles
Vis une vie de choix
Avant que tu te noies
Vis ta vie avec délices
Avant que tu périsses

Vis ta vie sans roupiller
Avant de perdre pied
Vis ta vie sans hypocrisie
Avant de sentir le moisi
Vis ta vie et t'enivre
Avant de cesser de vivre
Vis ta vie emballé
Avant de t'en aller
Vis ta vie sans calomnier
Avant le jugement dernier
Vis ta vie avec vertu
Avant d'être abattu
Vis ta vie pour chérir
Avant de périr
Vis ta vie sans orgueil
Avant de tourner de l'œil
Vis ta vie sans être fat
Avant la vallée de Josaphat
Vis ta vie et prête main-forte
Avant que l'on t'emporte
Vis ta vie tout en sourires
Avant que tu expires
Vis ta vie et aime tes congénères
Avant qu'on t'incinère
Vis ta vie sans enseigne
Avant que tu t'éteignes
Vis ta vie, diurne et nocturne
Avant d'être dans l'urne
Vis ta vie sans courroux
Avant de te retrouver dans le trou

Vis ta vie sans malice
Avant qu'on t'ensevelisse
Vis ta vie d'équerre
Avant d'être six pieds sous terre
Vis ta vis et sois un havre
Avant de devenir cadavre
Vis ta vis bouche bée
Avant d'être un macchabbée
Vis ta vis, vite, grouille
Avant d'être une dépouille
Vis ta vis comme une colombe
Avant d'être dans ta tombe
Vis ta vie, joue toutes tes cartes
Avant que tu partes
Vis ta vie en virtuose
Avant que tu te décomposes
Vis ta vie sans regret du passé
Avant de trépasser
Vis ta vie en philosophe
Avant qu'arrive ta catastrophe
Vis une vie généreuse
Avant qu'arrive la Faucheuse
Vis ta vie sans glaive
Avant que tu crèves
Vis ta vie dans la paix
Avant ton décès
Vie ta vie sans guerre
Avant d'être six pieds sous terre
Vis ta vie sans substitut
Avant que la vie te tues

Vis ta vie sans calvaire
Avant d'être rongé par les vers
Vis ta vie sans moufle ni pantoufle
Avant ton dernier souffle
Vis ta vis entièrement
Avant ton enterrement
Vis ta vie, pas comme un robot
Avant d'être dans un tombeau
Vis ta vie avec un nimbe
Avant de te retrouver dans les limbes
Vis ta vie en clins d'œil
Avant d'être dans ton cercueil
Vis ta vie et ne tarde
Avant que vienne la Camarde
Vis ta vie en express
Avant d'aller ad patres
Vis ta vie et piaffe
Avant qu'on écrive ton épitaphe
Vis ta vie, le temps presse
Avant ton «Ite missa est»
Vis ta vie, criss!
Avant qu'elle ne finisse
Vis ta vie, vite agis!
Avant d'être dans la nécrologie
Quand on pourra y lire ton «ci-gît»
Elle sera cassée ta corde de bungee
Et il sera trop tard pour vivre ta vie
Puisqu'on te l'aura ravie!

Avant que tu la perdes
Dis, la vis-tu ta vie... Merde?!?

Je t'aime à mort! Je te hais à vie! (Novembre 2016)

Je connais quelqu'un qui disait : «*Je t'aime à mort!*»
Voulant dire par là : «*Je t'aime tellement!*»
Semant bonheur, félicité autour de lui
Un autre qui disait : «*Moi, je te hais à vie!*»
Signifiant : «*Tu mourras, j'en fais le serment!*»
Guerroyant, tuant, assassinant, sans remords

C'est ainsi que la vie, la mort, l'amour, la haine
Se côtoient, s'entremêlent et se confondent
Dans les haines clémentes et les amours immondes;
Tout coexiste, mais on distingue avec peine
Quand l'amour éconduit devient insupportable
Ou quand la haine exacerbée se fait aimable

Les nouvelles nous montrent des amours qui tuent
Et des ennemis mortels qui, eux, se saluent!

Des enfants jouets (Décembre 2016)

Je veux ici vous raconter une histoire vraie
Désolante, horrible, donc difficile à croire
On n'en connaît pour l'immédiat que les grands traits
A-t-on déjà vu pareille saleté, de mémoire?

Eh! Oui! Il y a sur Terre des parents assez veules
Pour utiliser leur enfant de moins de sept ans
Dans leurs jeux d'adultes, comme amuse-gueule
Comme poupée gonflable, comme passe-temps

Et une fois l'œuvre parentale achevée
Ils poussent l'ignominie à son paroxisme
En le prêtant à d'autres parents dépravés
Qui proposent le leur comme en échangisme

Mais fort heureusement, cela se sut un jour
On arrêta donc les deux couples proxénètes
On retrouva bientôt tout ce beau monde en cour
L'air béat, comme venant d'une autre planète

Ils ont tous les quatre plaidés non coupables
Tout étonnés qu'on ne fît pas partout comme eux
Oseront-ils dire au juge, ces misérables
Qu'ainsi, ils voulaient rendre leurs enfants heureux?

Que reste-t-il des enfants, de leur innocence?
N'avaient-ils droit eux aussi à une vie belle?
Leurs parents ont perverti leurs ébats d'enfance
En les faisant jouets de leurs jeux de poubelle...

Une vie de rêve (Novembre 2016)

Ah! J'en ai fait des rêves au long de ma vie :
Je me voyais devenir star, devenir riche
J'étais si jeune en ce temps, une terre en friche!
Et tant de choses qui me faisaient grand-envie :
Il m'aurait plu de devenir chanteur de charme
Qu'on applaudit debout les yeux remplis de larmes
Ou écrivain célèbre, danseur tout étoile
Peindre l'œuvre maitresse qu'un jour on dévoile
Réaliser un exploit avec tant d'éclat
Que, dès qu'on me verrait, on crierait : le voilà!

Je conduisais Porsche, Cadillac ou Mercedes
Car, bien sûr, dans mes rêves, je roulais sur l'or
C'est ainsi qu'il se doit quand on a fait florès
Je m'habillais chez Cardin, Gaultier ou chez Dior
Déjeunais chez Bernardin, dînais chez Fouquet
Offrais à ma dulcinée, splendides bouquets

Ou riches parures de chez Birks ou Tiffany
Ma vie coulait en opulence, en harmonie
«*L'argent ne fait pas le bonheur*», répète-t-on
Mon rêve se plaisait à ruiner ce dicton!

J'avais bien quarante ans que j'en rêvais encor!
Dans mes songes commençaient à se préciser
Le lieu, le domaine, l'antre et son décor :
Oui, seule une île grecque pouvait me griser
J'y avais érigé castel démesuré
Avec meubles luxueux, personnel en livrée
Un grand salon en était la pièce maîtresse
Mon admirable égérie en était l'hôtesse
Nous n'y recevions que la crème et l'élite
Que ceux qui se parent d'argent ou de mérite

Ah! Devenir célèbre! Voilà le grand rêve!
Voilà le grand rêve que j'ai fait chaque jour
Que j'ai fait chaque jour, jour après jour, sans trêve
Pris dans ses griffes comme la proie d'un vautour
Porté par ce rêve, je suis resté couché…
Rêve et réalité doivent s'aboucher :
Pour réussir, il fallait faire un premier pas
Ce premier pas, je ne l'ai jamais entrepris
Malheur! J'aurai dormi ma vie jusqu'au trépas!
Oui, rêver, trop rêver a ravagé ma vie!

Oui, la mort est garantie (Décembre 2016)

On se targue d'avoir notre vie bien en main
Dans cette main, une garantie pour demain…
Oui, beaucoup ont cru à leur immortalité
Qui ont, trop tôt, fait face à leur fatalité

Vie de fourmi (Novembre 2016)

Je fonce vers ma destinée
À grands petits pas de fourmi
J'en ai fait cent mille aujourd'hui
Sur cette hostile terre minée

Tout à mon job, déterminée
Je cours le pays qui m'entoure
Pour rapporter, léger ou lourd
Taon, ver ou mouche pour dîner

Je suis fourmi si obstinée
Que rien ne peut m'arrêter, rien!
Ni chose, ni animal, ni terrien
Ni eau, ni sol contaminé

On m'a inondée, piétinée
Et j'ai pleuré, douté souvent
Malgré la pluie, malgré les vents
À l'effort, onc n'ai lésiné

Quel mérite ai-je? C'est inné
Ce besoin de tout réussir!
Et jusqu'à mon dernier soupir
Jamais n'aurai cabotiné

Au malheur, nul n'est confiné
Nul ne peut dire : «*C'est mon sort!*»
Il faut essayer jusqu'à la mort
Marcher vers le but, illuminé!

Car rien n'est vraiment terminé
Non! Tant que l'on tient à la vie!

Beaucoup de ce dont on envie
Est faux, ou vain, ou combiné

Jeunes, trop souvent avinés
Oyez ceci : relevez-vous!
Vous voulez arriver au bout?
Oubliez grasses matinées!

Un objectif à s'échiner
Celui à hauteur de vos rêves
Marchez ferme vers lui, sans trêve
Marchez, marchez, disciplinés

Et quand tout sera terminé
On évaluera les efforts
Qui vous ont rapproché du port
De la victoire imaginée!

La morale, vous devinez?
Quiconque rempli de vaillance
Pèse autant sur une balance
Que fourmi qui a trottiné

L'homme, plus fort que Nature (Décembre 2016)

Oui! Hélas! Dans plusieurs domaines, l'homme bat la Nature
Voici un exemple, pour bien montrer que la chose est sûre
Pensez aux temples de Grèce et tout le temps que ça Lui a pris!
L'homme, lui, a vite fait des ruines à Alep, en Syrie
Hier, la télé nous a montré plusieurs groupes de badauds
Lorgnant les immeubles décharnés, on les voyait de dos
Ils se sont retournés : oh non! Ce n'était pas des touristes
C'était les habitants d'Alep, découragés, immensément tristes!

Le prix d'une vie (Novembre 2016)

Je me posais la question : que vaut une vie?
La question, me semble-t-il, vaut d'être posée
Voici quelques réflexions que j'ai grand-envie
De partager avec vous, à tête reposée

Alors, commençons par le début, voulez-vous?
Comment définir la vie et son grand mystère?
D'où vient-elle? Quelle est-elle? Ah! Je l'avoue
Questions insolubles, même pour les experts!

Miracle de Dieu, évolution naturelle?
On ne sait pas vraiment et, après examen
Quand il faut choisir, surgit toute une querelle
De mots, de cris, d'injures, armes à la main!

Il m'est plus aisé de parler effets que causes
Fournir arguments sur ce que j'ai vu ou lu
Les ayant mûris, peu à peu, à faibles doses
Les voici donc ceux que, pour vous, j'ai émoulus

Certains affirment toute vie inestimable
Qu'il faudrait en toutes occasions préserver
D'aucun pourrait les croire bon et fort aimable
S'ils n'avaient noms : tyrans, despotes, dépravés

Qui croire en effet : l'homme d'affaires cupide
Qui compte ses sous oubliant de compter ses morts?
Propriétaire d'une usine à pesticides
Qui paie les salaires les plus bas sans remords?

Ou bien le curé du village, étroit d'esprit
Qui tyrannise ses ouailles au nom de Dieu
Le pape qui excommunie ceux qui mal prient
Et se sert de l'Inquisition pour faire mieux

Ou ce leader qui, au nom d'un égal partage
Fait mourir ses compatriotes par millions
Avec, au final, un plus profond décalage
Semant douleur et misère dans son sillon

Guerres, pogroms, massacres, exterminations
Sont le lot d'humains recherchant richesse et gloire
Ils sont grands, forts, honorés, parmi les nations
Au point qu'on ne voit qu'eux dans les livres d'histoire

Quand l'homme primitif découvrit la massue
Il s'en servit pour se nourrir et s'habiller
Il comprit aussi qu'un adversaire qu'on tue
Tue le conflit et temps perdu à babiller

Le bâton devint épée, fusil, puis canon
On créa l'arme ultime : la bombe atomique
Que d'autres hommes lancèrent sur le Japon
Juste pour voir si on la trouverait comique

Que vaut une vie? C'était la question posée
Sûrement pas le prix d'un enfant pour sa mère!
Face à ce monde fou, je me permets d'oser :
N'y a-il vraiment que l'homme mort qu'on vénère?

La vie? Que fait l'homme pour la protéger, dites?
Qui pourrait nier que l'humanité est maudite?

Vie de fleur, vie d'abeille (Novembre 2016)

Une vie n'est jamais sans valeur :
La fleur vit sa vie de fleur
Elle est, elle pousse, elle sent
Sait-elle qu'elle est, qu'elle pousse et qu'elle sent?
Bien malin qui pourrait le dire!
Mais peut-être bien l'abeille qu'elle attire...
L'abeille ouvrière vie sa vie d'abeille
Pleines de journées toutes pareilles
Elle est, elle vole, elle butine les fleurs
Sait-elle qu'elle est, qu'elle vole et qu'elle butine?
Mais, il y a cette fleur qui l'attend, cette libertine
Qui, de loin, l'a séduite de son odeur!

L'abeille, elle, de toute évidence, aime cette fleur
Elle a battu et rebattu des ailes
Volé sans compter les heures
Jusqu'à ce qu'elle voit l'élue de son cœur :
«Ma fleur, comme tu es jolie!
Je suis venue t'aimer à la folie!»
La fleur comblée et pas jalouse du tout
Lui propose ses sœurs d'ici et de partout
L'abeille va leur présenter ses hommages
Elle eût eu double tort de leur causer ce dommage!
Puis, ivre du butin recueilli aux cent gynécées
Elle s'en retourne au nid : *«Pour l'hui, c'est assez!»*

Pour sûr, il y a de l'amour entre elles
Et, de cet amour simple et pur qui sent le miel
Naîtront d'autres fleurs vermeilles

Naîtront d'autres laborieuses abeilles
Qui continueront de s'aimer d'un amour éternel
Car ainsi va l'ordre des choses du Ciel
Les fleurs séduisent les abeilles
Et ces dernières leur rendent la pareille!
La fleur confie au vent l'arôme de son pollen subtil
L'abeille le recueille doucement sur l'ardent pistil
Le transporte et va l'accoler aux étamines
Mâles et impatientes des fleurs voisines

Pour sûr, l'abeille ouvrière
Ardente messagère
Confond truchement et amour
Qu'elle partage tout autour
Mais, comme un mirage, l'illusion lui sied :
Elle se jette chaque jour dans le doux guêpier!

La cour des anges (Décembre 2016)

Un beau jour, se réunit un groupe d'enfants
Dont l'âge moyen avoisinait les trois ans
L'autre point en commun qui, tous, les unissait :
Leurs morts abruptes par guerres, meurtres, forfaits

Nous, innocentes victimes, formant tribunal
Entendrons nos bourreaux comme en confessionnal
On veut savoir : que leur avions-nous fait sur Terre?
Chacun d'eux pourra fournir son argumentaire

Oyez tous! Car la cour des anges est ouverte!
Question un : qui a pu commander notre perte?

Étions-nous pour vous une si forte menace
Que vous deviez effacer de nous toute trace?

Deux : n'étions-nous que dommages collatéraux?
«Inévitables!» dites-vous aux généraux
Des enfants mourront, fut-il dit aux subalternes
C'est un prix à payer dans les guerres modernes

Question trois : Que vaut une nation, un état
Qui ne protège pas ses enfants dans les combats?
Que vaut également cette même nation
Qui tue ceux des autres? Même condamnation!

Vous pouvez bien arborer toutes vos médailles
Ne croyez-pas nous éblouir, nous la marmaille
Quand vous jurez, main haut levée, être innocent
Nous ne voyons sur cette main que notre sang!

Il faut aimer toutes les fleurs! (Décembre 2016)

Comme issue d'une Idée énorme
La Terre est un tapis de fleurs
Aux cent millions de formes
Aux cent millions de couleurs
Aux cent millions de fragrance
Hermaphrodites, bisexuées
Certaines autres balancent :
Mâles, femelles, ou alternées

Où l'homme trouve-t-il l'idée
Naine, mesquine, saugrenue
Que ne pourrait se multiplier
Que lui-même et son point de vue?
Qu'il n'y a qu'une vérité
Qu'il en est l'apôtre élu?
Que tous devraient bien l'imiter
Par lui seul viendrait le vrai salut?

Qu'il peut réduire en esclavage?
Qu'il peut tuer, persécuter?
Qu'il peut réduire en servage?
Dominer et exécuter?
Qu'il peut tout réduire en poussière?
Ah! Qu'il serait grand son plaisir :
Abolir la création d'hier
La refaire selon ses désirs!

Discriminer, exterminer
Se rendre seul maître du monde
Et, l'adversaire éliminé
Se croire dieu une seconde :
Elle est là la vraie perversion!
Puis mourir, dans l'anonymat
Sur son lit, sans consolation
Qu'un chardon, seule fleur qu'il aimât!

Il faut aimer toutes les fleurs
Car chacune a son importance
Elles sont frères et sœurs
Et beauté de notre existence

Le Bien vs le Mal (Janvier 2017)

Dites : qu'est-ce qui est bien, qu'est-ce qui est mal?
Un militaire accède au pouvoir par la force :
«Celui qui règne est un fou, il n'est pas normal!
Dieu et peuple m'ont mandaté pour le divorce»

«Quoi qu'il en coûte en dommages et en vies
Je saurai rétablir paix, joie, gloire et richesse
Toutes les nations voisines en mourront d'envie
Et me craindront désormais en toute sagesse»

«Qu'ils ne s'avisent pas de bouger quelque doigt
Ces pays voisins, ou de lever quelque armée
Je serai prompt à protéger tout ce que doit
Et saurai être à hauteur de ma renommée»

«Aux fomenteurs de troubles et de coups d'état :
À votre égard, j'aurai encor moins de tendresse
Je vous jetterai les uns sur les autres, en tas
Où, tous, pourrez maudire votre maladresse»

«Ne resteront que moutons et adorateurs
Pour me suivre, m'obéir et me craindre...
Puis il viendra ce jour, pour mon plus grand malheur :
Un plus fort, bien intentionné, saura m'atteindre...»

Ainsi va cette lutte du mal et du bien
Qui, de tous temps, tous lieux, a animé l'histoire
Pour faire mieux, on tue des gens, et oh! combien!
À la fin, Bien et Mal : qui aura la victoire?

L'enfance heureuse (Décembre 2016)

J'avais dans ma besace de tout nouveau-né
Une condamnation d'un temps indéfini...
Déjà, tout mon temps est fait ; la mort va sonner
Où est la surprise? Tôt ou tard, tout finit!

•—•

Tout a commencé, naguère sur un appel
De la vie, sans qu'il fût question de conditions
J'étais trop jeune, l'ombilic sous le scalpel
Pour prévenir la cruelle conspiration

J'étais une chose vivace mais vulnérable
Mes premiers mots : exclamation de ma douleur
Je voulais boire, je criais, tout misérable
Puis je hurlerai d'avoir trop bu, tout à l'heure

Tous mes sens s'abandonnent à ma maman
Qui est là, que je sens, sans pouvoir la nommer
Elle est chaleur, douceur, mon précieux talisman
Qu'onc mes pleurs ni mes cris ne peuvent assommer

Comment peut-elle m'endurer, nourrisson criard
Qui digère mal la vie et sa nourriture
Un mystère, qu'elle dévoilera plus tard :
L'amour d'une mère est plus grand que nature

Je fis mes tout premiers pas dans cette maison
D'allure bancale, remplie de bonheur solide
Tous y faisaient sa place, comme de raison
En criant, poussant, ou courant comme bolides

Ce furent années de grands bonheurs quotidiens
Que cette période de pure indolence
Les jours passaient et entassaient les petits riens :
Fautes bénignes, minuscules pénitences

Oui, j'ai rêvé que cela durerait toujours
Malgré qu'il y avait et ma sœur et mes frères
Qui montaient dans un autobus au petit jour
Et en redescendaient le soir; quel grand mystère!

On avait usurpé ma place de chouchou
Une fille, puis un garçon; là, j'étais perplexe
Sur la place qui devenait mienne chez nous :
Trop grand? Trop petit? J'en faisais tout un complexe

Je vivais d'ultimes instants de liberté
Où s'achevait de se consumer l'innocence
Des jeux simples de mes derniers beaux jours d'été
Ce septembre déjà! La mort de mon enfance!

On m'a cassé, militarisé, mis en rang
Il fallait me taire sous peine de sévices
Apprendre à grands coups de règle, c'était courant!
Je ne me savais pas tant de défauts, de vices

On m'a mis au pas de la religion d'état
Il m'a fallu croire au seul vrai dieu de la Terre
Obéir au catéchisme, à ses diktats
Souvent si loin du «Faites l'amour, pas la guerre»

•—•

Avant que de mourir aujourd'hui, je vous confie ce message :
S'il existe au monde un bonheur précieux, qu'il faut bien protéger
C'est celui de nos enfants, petits-enfants, avant leur dressage
Leur pur bonheur des premiers ans, un jour, va se désagréger

Dérapage (Février 2015)

J'étais son chum, son héros
Elle s'était abandonnée
La tête sur mon épaule
Et moi, je lui jurai gros
Foi de parole donnée :
«Je ne ferai pas le drôle»

«Je conduirai prudemment»
Tout ce que je désirais :
La ramener saine et sauve
Et prouver à sa maman
Qui ne me jugeait pas prêt
Que je n'étais pas un fauve

Comment survint l'acccident?
Je ne pouvais pas le dire
J'avais perdu la mémoire
Je quêtais autour, souvent
Mais j'entrevoyais le pire
Des œillades sombres, noires

Je lui ai volé son âme
Je lui ai volé ses rêves
Je lui ai volé sa vie
S'est envolé dans les flammes
Et un nouveau jour se lève
Sur la vie que j'ai ravie

Je voudrais une autre chance
Alors je serais plus sage
À quoi bon ces «plus jamais»
Ne reste que la souffrance
Et puis cette immense rage :
J'ai tué celle que j'aimais!

Vent d'espoir (Juillet 2015)

On entend des mots, mais on n'écoute pas
On regarde quelqu'un, mais on ne le voit pas bien
On lui dit quelques mots, mais rien que du bla-bla
On respire, mais on ne sent plus rien

On avance souvent pour aller nulle part
On achète tous les jours un peu de vide pour remplir nos vies
Tous nos souhaits sont faux pour la plupart
Survient ce mauvais jour où meurent toutes nos envies

On vit notre vie comme si on en avait cent
On n'a peur de rien, on fait les matamores
On avance les mains pleines de sang
De notre vie qui se donne la mort

Il faudrait tout faire pour inverser sans retard
La coulée du temps, dans le sens de l'amour
Il suffirait d'un mot, d'un geste, d'un regard
Pour revivre encore l'extase du premier jour

Soufflera-t-il un jour ce vent d'espoir
Qui chassera pour toujours ces idées noires…

Juste un peu de nous (Mars 2015)

Juste un peu de toi	Juste un peu de nous
Plus un peu de moi	Plus un peu de vous
Et nous pourrons un jour	Mille épaules à la roue
Venir au secours	Et nous viendrons à bout
De tous les mal-aimés du monde	De toute la misère du monde

Cette fille a changé ma vie (Décembre 2015)

Cette fille m'a jeté un sortilège
Avec des mots doux qui m'ont touché le cœur
Et je suis tombé tout droit dans son piège
J'y ai mis les deux pieds, j'en ai bien peur

Cette fille chantait comme une sirène
Des paroles auxquelles je n'ai pu résister
J'ai rendu les armes trois secondes à peine
Ébloui par le spectacle auquel j'ai assisté

Magicienne ou bien sorcière
Elle en a tous les pouvoirs
Épris dans sa souricière
Je ne voulais pas la décevoir
Je ne vis plus que pour elle
Tout étourdi, tout fasciné
C'est elle qui tient les ficelles
De ma vie, de mon étrange destinée

Cette fille a des atours de bohémienne
Le mot séduction tatoué sur le corps
Tout ce que je veux, c'est qu'elle soit mienne
Comme un unique choix de vie ou de mort

Cette fille dansait comme une déesse
Une chorégraphie de pas langoureux
Elle intercepte tous mes signaux de détresse
Et, sans défense, j'en suis tombé amoureux

Cette fille dansait comme une déesse
Une chorégraphie de pas langoureux
Elle intercepte tous mes signaux de détresse
Moi, sans défense, j'en suis tombé amoureux

La liberté est morte (Décembre 2016)

La liberté est à genoux
On l'a jetée dans un cachot
Elle a provoqué le courroux
Pour avoir dit un mot de trop
Si vous saviez ce qu'elle endure
Au fond de sa prison obscure !
On l'a soumise à la torture
La liberté se meurt, je vous le jure !

On lui a coupé les deux ailes
Pour l'empêcher de s'élever
On lui a posé une attelle
Pour la faire travailler
Bien concentrée sur sa routine
On lui a fait courber l'échine
On l'a changée en machine
En liberté molle, gélatine
La liberté relevant le corps
Jeta un œil et fut déçue
Que du sang, et des sous dessus
Le monde appartient au plus fort
Tout le monde heureux de son sort
N'ose plus faire d'efforts :
Ce sont les autres qui ont tort !
Et on se sent si bien quand on dort...

La liberté s'est endormie
On l'a saoulée, on l'a droguée,
N'a pas su voir les ennemis
Qui, contre elle, se sont ligués
Afin qu'onc elle ne se réveille

On lui donne drogues et bouteilles
Et des caméras la surveillent
Car demain doit être tel que la veille

Pourquoi suivre un troupeau
Pour ça, il y a les moutons
Liberté, on veut ta peau
Docile, à coups de bâton
Si tout va mal dehors
Liberté, c'est toi l'accusée
«Moi, liberté flétrie, désabusée
J'aime mieux me donner la mort!»

La liberté, n'en parlons plus
Faites vous à l'idée : elle est disparue
Ne la chercher plus, elle ne reviendra pas
Elle est partie rejoindre Dieu et Allah!

À vos armes : il faut tuer la guerre! (Novembre 2016)

Armées de chantres, de trouvères
Prenez vos armes et levez-vous
Allez faire la guerre à la guerre
Sur Terre, il y en a partout!

Prenez vos chants et vos prières
Vos instruments et, bout à bout
Formez tout autour de la Terre
Un rempart aux tigres et aux loups

Tuez la haine, cette guerrière
Que tous les tyrans et les gourous
Sèment parmi leurs congénères
Pour les faire mettre à genoux

Allez tuer la faim et la misère
Les enfants n'en veulent pas du tout
La paix, voilà ce qu'ils préfèrent
Et, à leurs fusils, un gros toutou!

Nous voulons que vos mots enterrent
Tous les discours de mauvais goût
Et tous les bruits des militaires
Qui ne protègent que les gros sous

Demain ne sera pas comme hier
L'amour, un canon tellement doux
Fera tomber ce mur de pierres
Érigé tout autour de nous

Armées de chanteurs, de trouvères
Prenez vos armes, unissez-vous
Chantez, priez, c'est pour vos frères :
Ils ont tant besoin de vous!

La mort d'un poète (Novembre 2016)
Hommage à Félix Leclerc (1914/08-08-1988)

Tout autour de l'immense chêne terrassé
Gémisssent de jeunes saules
Qu'il était grand! Se lamentent-ils
Qu'il était fort! Qu'il était beau!

Ce chêne, arrimé au sol et au ciel
Stoppait parfois un nuage
Pour qu'il nous abreuve
Il bravait la foudre, le vent fort
Nous préservant de l'un et de l'autre

Les oiseaux au haut vol qui le fréquentaient
Orphelins, eux aussi, désormais
Lui inspiraient des airs divins
Qu'il nous bruissait de sa voix
Grosse, mais si belle et si douce
Et quand il chantait
On entendait ses racines
Elles lui remontaient des odeurs
Lointaines et nostalgiques
D'enfance et d'ancêtres

Aujourd'hui, il gît là sans vie
Lui, l'immortel...
Dans sa chute lente et lourde
Ses branches et ses feuilles
Ont caressé une dernière fois
Tendrement
Ses frères et ses sœurs
Poussez jeunes saules
Semblait-il dire dans sa chute
Devenez grands, devenez forts
Vous aussi vous le pouvez!
Vous êtes de ma race
Alors, que craignez-vous?
Votre destinée vous appartient

Saules, cessez de pleurer!
Libérez-vous des tuteurs de jeunesse
Et des lianes qui vous étranglent
Devenez chênes à votre tour
Et entonnez, en chœur, pour moi
L'hymne au printemps
D'un pays que j'ai tant désiré!

L'Inspiration (Novembre 2016)

Il était une fois, moi, rencontrant une autre humanité...
Voyez, je commets déjà un anthropomorphisme :
Parce que je viens de la Terre, je perçois toute réalité
En ne référant qu'à celle-ci, ce qui est pur snobisme
Il me faudra faire attention à ce répréhensible réflexe...
S'il se trouve de l'intelligence dans un nouveau monde
Il me faudra ne pas rendre la situation plus complexe
Qu'elle ne l'est; j'en étais là à examiner la sonde :
Plus de doute, ce pourquoi je voyageais était proche
Je me vêtis aussitôt de ma combinaison antivirus
Je me dis : «Arme ton fusil, si jamais quelque chose cloche»
J'étais plus prudent que moins, je ne connaissais pas leurs us

Voilà, quand on réfère à la seule Guerre des étoiles
Pour établir notre conception d'une cosmogonie
On peut, on doit s'attendre à déception au-delà du voile...
Qui nous pousse, terriens, à imposer notre hégémonie?
C'est ce qui a guidé nos chefs lorsqu'on découvrit la chose
Ce réflexe de violence, si ancré dans nos mœurs
A, de tous temps, empêché toute métamorphose
De l'homme et de ses civilisations du «crois, ou bien meurs!»
La Terre étant très loin de toute unification éventuelle
La bisbille s'invita dans le concours de sélection
Devant l'imbroglio, on se fit menaces habituelles
Jusqu'au jour J moins un où il fallut passer à l'action

Représenter de facto l'espèce humaine dans l'espace
N'est pas mince affaire ni sinécure, croyez-moi!

Comme il fallait, bien sûr, que le meilleur le fasse
On a programmé l'ordinateur qui m'a élu son choix
J'avais paraît-il, toutes capacités et compétences
Pour mener à bon terme cette délicate mission
Le meilleur physique, la plus grande science
Ont plaidé grandement en faveur de ma nomination
Je me devais donc d'accepter au nom de tous les terriens
La tâche de trouver à cet endroit précis de l'espace
Là où les télescopes, la veille, ne percevaient rien
Un disque d'un flou éthéré mais d'une importante masse

Un nuage errant dans l'espace n'est pas chose commune
Vous conviendrez que j'avais le droit d'être sidéré
Et que mes précautions pouvaient s'avérer opportunes
Tous les tenants et aboutissants considérés
Ce qui s'en venait vers moi était de nature indistincte
Je ne pouvais en décrire ni la forme exacte ni la couleur
Et si j'en crois mes sens, ce fut une vision succincte
Une «inspiration» me pénétra, sans effort et sans douleur
Il me sembla après coup qu'une incroyable sagesse
Envahissait mon âme, mon cœur et mon corps
Qu'elle m'enseignait de la vie sa seule richesse
Qui est beauté, qui est bonté, donc que l'homme a tort!

Je voyais désormais le mal qui jonchait l'histoire humaine :
Le goût du luxe, de la luxure, du lucre, du stupre et du profit
Le vol, le viol, la torture, le racisme, l'esclavage, la haine
La guerre, les camps, les exterminations… Stop! Il suffit!
Cette montagne de cadavres, je l'avais sur la conscience
Comme si j'avais moi-même été pape, roi ou empereur

Je portais sur les épaules leurs méfaits et leurs indécences
Je m'accusais de leurs exactions et campagnes de terreur
De là où mes hôtes m'avaient emmené, de mon nouveau poste
Je pouvais percevoir sur ma planète comme un grand déni
Qui incitait les dirigeants et les généraux à la riposte
Ils furent les premiers frappés, inspirés par l'amour infini!

•—•

Oui, bien sûr, la Terre tourne encore autour du Soleil
Mais elle attend son tour : élue prochaine ambassadrice
De l'amour et du bonheur, comme d'autres astres pareils
Elle sera bientôt envoyée dans l'univers, comme Inspiratrice!

Mon voisin gonflable (Décembre 2016)

Ah! Je me souviens très bien d'un voisin gonflable
Qui, sans aucun motif, prenait malin plaisir
À vouloir posséder plus sur sa propre table
Que moi, qui n'avais pourtant que peu de désirs
L'été, je plantais dix fleurs, il en plantait cent
J'avais un animal, un chat dit de gouttière
Il s'en alla en quérir un, oui, mais pur sang
Je visitais un pays? Lui, la terre entière
J'achetais un bien, il en voulait un meilleur
Ainsi vont les États-Unis avec la Russie
Mais ces deux voisins nous amènent ailleurs
Lequel des deux pourra dire : j'ai réussi?

Avec leur course au plus puissant aérosol
Quand rien d'autre ne subsistera sur le sol
Que poussière, dans l'air, une nuée mortelle
Qui sera gonflé à s'en péter les bretelles?

Il était une foi... (Décembre 2016)

Il était une foi... là commence l'histoire
De ce jeune enfant qui se présenta chez Dieu
La vie qu'on lui avait donnée, vie dérisoire
Dura temps de dire un bonjour, un adieu

Mais entre les deux, que maladie et souffrances
Que larmes, inquiétude et découragement
Rien qui ressemble aux joies normales de l'enfance
Cette quête sans trêve de soulagement!

Que des parents désespérés d'une agonie
Dont ils ne pouvaient comprendre la provenance
«Mais qu'avons-nous donc fait pour être ainsi punis?»
L'interrogation n'était pas sans importance

Cette question, l'enfant la posa à saint Pierre
Qui, fort embarrassé, ne lui répondit point
Dirigea le marmot vers plus calé en la matière
«Va voir Dieu», dit-il, «moi, je ne suis qu'un adjoint!»

L'innocent soupir de l'enfant fit frissonner
Tout l'équipage du ciel : anges et archanges
Élus, saints et chérubins, tous désarçonnés
Se prostrèrent, ne voulant pas qu'on les dérange

On finit par appeler Dieu à la rescousse
L'enfant, fin seul devant le Seigneur tout-puissant
Poussière, mais poussière à triste frimousse
Articula : «Pourquoi?» Dieu pleura eau et sang...

Aucune explication, ou valable ou sensée
Ne sortit de la bouche du divin créateur
L'enfant, dès lors, douta de l'idée, caressée
Qu'Il pût aimer d'un incommensurable cœur!

LA VIE DES CHANTS

La star de ma vie (Avril 2013)

**Inspirée de la naissance de Marie-Félix,
fille de Marie-Élaine Thibert, chanteuse bien connue au Québec**

Dès que tu es entrée en scène
Tout en beauté, tout en éclat
Ton tout premier chant de sirène
T'a valu un prix de gala

Sur toi, tous les yeux sont rivés
Bouche bée devant le spectacle
Ils admirent l'artiste arrivée
Ton talent qui tient du miracle

Quand je te change de costume
C'est toujours un festin dansant
Quand une lumière s'allume
Te voilà clown divertissant

Je suis pendue à tes sourires
Et fan de tes jolies mimiques
Elles déclenchent les fous rires
Tellement elles sont comiques

Tes tout premiers pas sur les planches
Petite femme, déjà debout
Oubliées toutes mes nuits blanches
Tu as dit un : «*Maman!*» si doux

Je serai toujours là pour toi
La groupie au pied de ta scène
Je viendrai applaudir tes joies
Je viendrai consoler tes peines

Mais dans tout ce que tu feras
Souvent tu auras du succès
Au firmament, tu brilleras
Comme l'étoile que tu es...

Tu es la star de ma vie
Ma vedette instantanée
L'enfant dont j'avais envie
Dont je rêvais nuit et journée

Tu es l'étoile de mon cœur
Ma joie et ma félicité
Tu es mon plus grand bonheur
Mon grand bonheur ...d'éternité

Je n'ai fait que chanter (Mai 2013)

Une chanson écrite sur mesure pour célébrer la naissance d'une star, Valérie Carpentier, gagnante du concours LA VOIX (Québec 2013)

Quand j'ai eu mes huit ans
Je me suis dessinée
Sur la scène, chantant
Forçant ma destinée

Timide et ingénue
Cocoonée dans vos bras
Vous me portez aux nues
Étourdie de hourras

Pourtant, je n'ai fait que chanter
Le mieux que je pouvais
Je n'ai fait que chanter
Avec ce que j'avais

Pourtant, je n'ai fait que chanter
Avec la voix que j'ai
Moi, je n'ai rien changé
Je n'ai fait que chanter

Cendrillon a le chic
De trouver son Charmant
Mon prince, c'est le public
Mon public bien-aimant

Je me suis laissée surfer
Sur sa mer de caresses
Dans mon conte de fée
Il m'a fait sa princesse

Je serai donc la voix
Que vous voulez entendre
Suivez-moi sur la voie
Que vous m'offrez de prendre

Je vous verrai enfin
Vous qui m'avez choisie
Vous verrez comme j'ai faim
De vos bravos sentis

Pourtant, je ne ferai que chanter
Le mieux que je pourrai
Je ne ferai que chanter
Avec la voix que j'ai

Surtout, ne soyez pas surpris
Lorsque vous me verrez
Pour vous plaire à tout prix
Je ne ferai que chanter

Je chanterai pour lui (Mai 2015)

*Chanson offerte à Céline Dion, chanteuse mondialement connue,
en hommage à René Angélil, son mari et son agent, décédé le 14 janvier 2016*

Tant que je chanterai
Je chanterai pour lui
Et quand je danserai
Je danserai avec lui
Lorsque je dormirai
Je rêverai à lui
Lui qui a tout donné
Pour que je sois, ce que je suis

Il vint tôt dans ma vie
Comme un chevalier blanc
Sitôt, il m'a ravie
Et m'a fait cerf-volant
Tenant fort les ficelles
Je vis gloire et sommets
Moi, je me voulais belle
Pour celui que j'aimais

Ce soir, je pense à lui
En chantant ce refrain
Je le vois qui sourit
Et qui me tend la main
Il est là qui se pâme
De la voix qu'il adore
Je veux toucher son âme
Comme je touchais son corps

La peur, la solitude
Ne m'atteindront jamais

Car j'ai la certitude
Qu'il est toujours là, tout près
Il est l'amour de ma vie
Et oui, je l'aime encore
Je sais que lui aussi :
L'amour n'est jamais mort

Il est pour lui ce chant
Pour lui, ces mots d'amour
Fleurant l'herbe des champs
Promesse de toujours
Tant que je chanterai
Je chanterai pour lui
Et quand je danserai
Je danserai avec lui

Lorsque je dormirai
Je rêverai à lui
Lui qui a tout donné
Pour que je sois, ce que je suis
Oui, tant que je vivrai
Je penserai à lui
Et quand je chanterai...
Je chanterai pour lui

Je sais, je le verrai
Dans les yeux des enfants
Et je le sentirai
Dans la douceur du vent
Tant que je chanterai
Je chanterai pour lui
Et quand je danserai
Je danserai avec lui

Une tonne d'amour (Avril 2013)
Une chanson offerte à Ginette Reno

J'ai dans le cœur une tonne d'amour
Que je déverse peu à peu
Dans chaque vie, et chaque jour
De chacun de mes amoureux

Je pensais pouvoir te garder
En t'écrasant de mon amour
Mais un jour tu m'as regardée
Je n'étais plus ton «*p'tit poids lourd*»

J'ai dans le cœur une peine d'amour
Aussi lourde que l'automne
Mes amants tombent tour à tour
Sous le poids de l'amour que je donne

De l'amour, j'en aurai toujours
Car moi, j'ai une carrière d'amour
Où je vais puiser chaque jour
Mon amour, ma tonne d'amour

J'ai dans le cœur une tonne d'amour
Mais plus personne qui m'dit bonjour
Monsieur, offrez-moi votre cour
Je vous la remplirai d'amour

Une tonne d'amour!

L'amour brut (Avril 2013)
Une chanson offerte à Dan Bigras

Ma douleur est grande
Je t'ai fait souffrir
Et je me demande
Si tu vas guérir

C'est mon amour brut
Qui t'as tant blessée
Entraînant ma chute
Quand tu m'as laissé

Toutes mes caresses
Sont pourtant sincères
Mais tu veux qu'elles cessent
Dès que trop elles te serrent

Oui, je suis une brute
Maladroit d'amour
Mon amour est brut
Et tu cries au secours

Derrière les barreaux
Je nous vois, tous deux
Malgré tout si beaux
Et encore amoureux

Pour remonter la côte
Mon cœur me dit : «Zut!»
«Ce n'est pas ta faute!»
Non! Non! C'est celle de l'amour brut

C'est toé qui a commencé
Ton p'tit jeu me rend jaloux
T'as l'don de m'faire fâcher
Pire que ça, ton p'tit jeu, il me rend fou!

Ma douleur est grande
Je t'ai fait souffrir
Et je me demande
Si tu vas guérir

C'est la même histoire
Qui se répète sans cesse
Je me fais des accroire
C'est ma colère qui fesse

Toutes mes caresses
Sont pourtant sincères
Mais tu veux qu'elles cessent
Mais moi... j'sais pas comment faire!

Ma douleur est grande
Je t'ai fait souffrir
Et je me demande
Si un jour... je vais guérir

Si je vais guérir
Oui, si un jour... je vais guérir

LA VIE DES MIENS

La vie de Joseph (8 juin 1924 - 8 juillet 2008)

Ces bouts de textes de chansons qui retracent en raccourci la vie de papa Joseph ont été composés par moi en mai 1999 en l'honneur de son 75e anniversaire de naissance; le pot-pourri fut interprété devant le jubilaire, le jour anniversaire du 6 juin 1999, par ses enfants Pierre, Robert, Lucie et Luc.

1- Sur l'air de *Mon Jos,* de Paul Piché

C't'aujourd'hui au restaurant, gai lon la mon Jos ma lurette
C't'aujourd'hui au restaurant, que tu passes à' confesse
Que tu passes à' confesse mon Jos, que tu passes à' confesse...

2- Sur l'air de *Dominique,* de Sœur Sourire

St-Majorique, rique, rique,
Petit village au fond des bois
P'tit Joseph, te voilà
Tu travailleras aux champs
Mais ne f'ras pas ça tout l'temps
Un jour, tu sacreras ton camp

3- Sur l'air de *La manufacture,* de Robert Charlebois

T'arrives à' manufacture, à tou'é jours tu travailles dur
Oui, c'est rough mais tu lâches pas wow, wow!
Pis tes boss te nomment boss, ç't'à ton tour d'écœurer
Ceux qui encore hier, travaillaient avec toé...

4- Sur l'air de J'ai rencontré l'*homme de ma vie,*
De F. Cousineau/L. Plamondon/Diane Dufresne

Aujourd'hui, t'as rencontré la femme de ta vie - Wo, wo, wo, wo
Aujourd'hui, c't'avec Lorraine, que t'es sorti...

5- Sur l'air de *En passant par la Lorraine*, traditionnel

En mariant la Lorraine, ah! le monde était beau
Puis quand la maison fut pleine, c'était pus un cadeau
Tes huit enfants sur le dos, Lorraine qui veille sur ton repos
Oh! oh! oh! Elle mérite des bravos!

6- « Sur l'air de *Les portes du pénitencier*, de Alan Price/ V. Buggy/H. Aufray/J. Halliday

Les portes de la Celanese, bientôt vont se refermer
Et c'est là qu'un jour tu te réveilles : t'es devenu retraité...

7- Sur l'air de *Cent nuits à l'heure*, de Fiori/Séguin

Là, t'apprends à danser,
Cha cha, valse, merengue
Ça l'air d'vous amuser
Au boutte, Lorraine pis toé

8- Sur l'air de *Mon vieux Joseph*, de Georges Moustaki

Je suis partie mon vieux Joseph
C'est ça la vie, on n'y peut rien
J'aurai fait l'amour et le bien
Dans la mesure de mes moyens

9- Sur l'air de *Aline*, de Daniel Bevilacqua/Christophe

Et t'as pleuré, pleuré, oh! t'avais trop de peine
Et t'as crié, crié, Aline pour qu'elle vienne

10- Sur l'air des *Violons d'Acadie*, traditionnel

Avec ton frère, tes amis
Ton violon et tes amplis
Les oreilles des vieux, tu vas casser

Des vieux airs, tu veux chanter
Ça' ben l'air d'les contenter
Sur la piste, on les voit tous danser

11- Sur l'air de *Je m'appelle Paulette*, de Paolo Noël

Tu t'appelles Joseph, t'as 75 ans, tu vis dans une roulotte
Depuis quelque temps, tu es moins fringant, t'as moins la bougeotte
Ta compagne Aline, parents et amis, tout le mone te souhaite
Tout le monde souhaite, de 25 ans au moins, prolonge ta retraite

12- Sur l'air de *C'est à ton tour*, de Gilles Vigneault

Mon cher Joseph, c'est à ton tour de te laisser parler d'amour
Mon cher Joseph, c'est à ton tour de te laisser parler d'amour

Tout en pensant à Lorraine

(sur l'air d'*En passant par la Lorraine*, traditionnel)

Quelque temps après le décès de maman Lorraine (3 septembre 1930 - 6 mars 1988) à l'occasion d'une rencontre familiale, j'ai interprété ma version de cette chanson traditionnelle qui voulait rappeler quelques moments familiaux et aussi les attitudes de maman dans certaines situations. Je commente chacun des paragraphes pour mieux comprendre la simplicité et le dévouement de cette femme à sa famille. Le refrain rappelle que les trois plus jeunes de la famille enviaient le privilège de veiller tard de leurs vieux frères et sœurs; c'était Lorraine qui les invitait à aller se coucher avec cette formule devenue, avec le temps, sacrée et consacrée dans notre famille.

Tout en pensant à Lorraine, à' maison su' le coteau
Certains disaient cabane vilaine, nous on trouvait ça beau
C'était chez nous, des clous carrés, 'est toute patchée, l'toît a coulé
Pierre, Robert, Chantal, allez vous coucher!

C'est vrai que notre maison sur le chemin Hemming, toute croche, recouverte de papier imitation brique et repatchée de papier d'autres couleurs, ne payait pas de mine; elle avait plus de cent ans et elle les accusait. Mais c'était NOTRE maison, notre refuge, le lieu où il faisait bon être... Bref, c'est là qu'on était bien!

La maison, elle était pleine en toute saison

De toutes sortes de croquemitaines, des fins, des pas bons
C'était chez nous, «Vot' père y dort
Gang de tannants, allez jouer dehors!»
Pierre, Robert, Chantal, allez vous coucher!

Papa Joseph travaillait sur les «shifts» et lorsqu'il travaillait de 11 heures du soir à 7 heures du matin, dormir de jour avec huit enfants couraillant autour était une impossibilité que tentait de rendre possible Lorraine montant la garde dans sa maison et refoulant dare-dare et manu militari vers l'extérieur tous les ennemis du repos de son mari.

En bas d'chez nous, vous en souvienne, y'avait les Michaud
Qui se promenaient en bedaine, i faisait-y assez chaud?
C'était chez nous, d'l'huile i'en a pus, i fait soixante, rajoute du bois
Pierre, Robert, Chantal, allez vous coucher!

Nos grands-parents et oncles maternels demeuraient en-dessous de chez nous... ce qu'ils devaient endurer de bruit et de tapage est inimaginable! Zéro plainte! Eux avaient l'eau chaude, un poêle électrique, un bon chauffage à l'huile, un évier dans leur chambre de bain, bref tous éléments de confort qui étaient inconnus en haut.

Oui, chez nous i'avait Lorraine, celle qu'on appelait maman
«Un, deux, trois», jusqu'à 'dizaine quand on était tannants
C'était chez nous, Jésus, Marie, les mains s'ses hanches, Joseph aussi
Pierre, Robert, Chantal, allez vous coucher!

Quand Lorraine se fâchait après l'un de ses enfants qui venaient de commettre une grosse bêtise, elle avait le réflexe d'invoquer à son secours la sainte famille qui lui conseillait à chaque fois de compter jusqu'à dix, les poings sur les hanches, l'air aussi sévère que déçue. Elle grondait, mais jamais dans mon souvenir n'a-t-elle frappé l'un de ses enfants.

La soupe a' l'était vilaine car 'était faite à l'eau
Appelé Dieu qu'il intervienne comme à Cana plus tôt
C'était chez nous, la soupe au riz, avec le riz, on rit aussi
Pierre, Robert, Chantal, allez vous coucher!

Lorraine faisait des repas pour dix avec les moyens que lui permettait le salaire d'un ouvrier de la Celanese. On se plaignait rarement de la nourriture qu'il y avait sur la table. En tout cas, les quantités étaient au rendez-vous! À un souper en particulier, elle servit une soupe qu'elle avait coupée de moitié d'eau au moins et Luc s'invita à réciter un bénédicité: «Mon Dieu, bénissez cette soupe car... elle en a bien besoin!» On a bien ri... et Lorraine aussi!

Les samedis soirs de chaque semaine on r'gardait le hockey
Il ne commençait qu'à peine, qu'il fallait se coucher
C'était chez nous, oyez jeunots, en noir et blanc, quelq'z' ans plus tôt

Pierre, Robert, Chantal, allez vous coucher!
Puis Luc, Michel, Lucie, allez vous coucher!
Puis Jean-Louis, Rachel, allez vous coucher!
Toi aussi, Joseph, viens donc te coucher!

Il faut savoir que le hockey du samedi soir à la télé chez les Granger du chemin Hemming se transformait en party hebdomadaire. On y commentait la joute avec un peu d'esprit et beaucoup d'humour; on commentait même les commentaires des commentateurs! Mais les plus jeunes devaient quitter après la première période; un autre groupe après la deuxième. C'était le règlement! Ah! Ce qu'on pouvait avoir hâte d'être vieux nous aussi!

Joseph s'endormait régulièrement sur le fauteuil en écoutant un film ou sur la chaise en lisant un livre et il n'était pas rare que Lorraine sortait de la chambre à coucher pour réveiller doucement son mari et l'inviter à venir se reposer dans le lit matrimonial.

Toune d'automne pour Chantal (Été 2011)
(Sur l'air de *Toune d'automne,* des Cowboys Fringants)

Ma sœur Chantal est née un 8 décembre; même si l'hiver n'est pas officiellement commencé, il fait froid, trop froid pour une garden-party! L'année de cette chanson, en 2011, nous avons fêté son 50e anniversaire de naissance à la fin de l'été et ce, à l'extérieur, sous un soleil radieux et chaleureux!

Comment ça va, ma p'tite sœur?
Viens que j'te serre dans mes bras
Aujourd'hui, c't'un grand bonheur
D'être tous icitt' avec toi?
À ta fête, c't'année, y va s'passer quelque chose
C'est moins morose...

J'espère au moins qu'tu trouves ça l'fun
Des niaiseries pis des chansons
Sûr, Clairinda va être bonne
Et tes frères vont avoir l'air con
Une qui est contente, c'est l'Immaculée-Conception
Plus d'opposition...

Anyway, j'chus content, ta cinquantaine
On la fête juste avant l'automne
Oh! que ça m'a donc fait d'la peine
De t'voir pâtir ma mignonne...

C'est tes enfants qui ont préparé
Cette petite opération
T'aurais dû les voir faker
Une vraie gang de petits espions
La môman a rien vu d'ça de toute l'année
Est pas futée...

De mon bord, j'ai préparé
Un spectacle de variétés
Jouer d'la guitare et chanter
On verra c'que ça va donner
Mais tu m'connais, chu pus motivé à travailler
Chus retraité...

Anyway, j'chus content, ta cinquantaine
On la fête juste avant l'automne
Oh! que ça m'a donc fait d'la peine
De t'voir pâtir ma mignonne…

J'ai vu Réal le mois passé
Ç'avait pas trop l'air de filer
Y m'a dit : «Chus ben fatigué!»
Qu'i avait ben trop travaillé
Sœur, si tu l'aimes, faudrait p't-être un peu l'lâcher
C'est ton aîné…

Et puis toé, ma p'tite sœur
Te sens-tu assez perdue?
Fêtée sans la froide blancheur?
Fait-tu beau, pis chaud par dessus?
Oublie qu'la vie est parsemée de p'tites misères
Pis laisse-toi faire…

Anyway, j'chus content, ta cinquantaine
On la fête juste avant l'automne
Oh! que ça m'a donc fait d'la peine
De t'voir pâtir ma mignonne…

Anyway, chus content, ta cinquantaine
On va la fêter sans mitaines!

Chantal libérée
Sur l'air de *Femme Libérée*, de Cookie Dingler

Ne la laisse pas tomber, elle est si fragile
Être une femme libérée tu sais c'est pas si facile
Ne la laisse pas tomber, elle est si fragile
Être une femme libérée tu sais c'est pas si facile

Elle travaille dans une usine qui fabrique des lits
On pourrait penser que le balai elle manie
Vous vous trompez en tab', j'veux pas vous faire peur
Elle fait le travail d'un homme car elle est soudeur

Quand elle revient le soir dans sa maison
Elle trouve son Réal qui l'écoute avec distraction
Mais elle ne s'en fait pas, elle rigole quand même
Et lui ronronne des tonnes, des tonnes de «je t'aime»

Elle a élevé deux enfants, un gars et une fille
Elle a eu des nuits sombres et des jours qui brillent
Et lorsque les deux époux se séparèrent
Il a bien fallu qu'elle soit leur mère et leur père

Chantal, c'est ma sœur, la cadette d'la maison
La plus jeune rit du plus vieux comme de raison
Aujourd'hui, oui la vie prend un peu sa revanche
50 ans, c't'un peu comme deux prises en 9e manche

Sa première ride au front lui fait du souci
On ne peut pas rester jeune toute sa vie
Oui, bientôt elle et Réal prendront leur retraite
Alors tous les jours seront des jours de fête

Thérèse et Maurice (Août 2011)

Mon oncle Maurice (Dionne) **(9 octobre 1916 - 12 mai 1999)** et ma tante Thérèse **(13 mai 1915 - 7 octobre 1995)** étaient mes parrain et marraine; à ce titre, et pour plein d'autres raisons, ils étaient ma matante et mon mononcle «préférés».

Voici quelques-uns des souvenirs que je conserve de ces deux merveilleuses personnes.

Lorsque nous étions de jeunes enfants, il y avait encore dans notre cour arrière de notre maison du chemin Hemming un gros arbre, un chêne? Un orme? Je ne m'en rappelle plus… mais sans aucun doute, dirait Zachary Richard, avait-il déjà été dans ses feuilles à une autre époque! Je ne me souviens de cet arbre que dégarni de ses feuilles et d'une partie de son écorce, et comme une nuisance quand on jouait à la balle. Un jour, papa Joseph décida de le jeter par terre pour en faire du bois de chauffage.

Ce jour-là, mononcle Maurice était venu aider papa et, pour plus de prudence, on décida qu'il fallait lui attacher une corde (à l'arbre, pas à mononcle Maurice!) dans le faîte pour s'assurer de le faire tomber à l'endroit choisi (et non pas sur le poulailler construit pas très loin).

C'est avec le regard agrandi par la surprise et l'admiration que les petits spectateurs intéressés que nous étions tous mes frères et sœurs avons vu mononcle Maurice grimper dans cet arbre au tronc immense aussi facilement que s'il grimpait à une échelle et aller attacher ladite corde à une branche encore solide au haut de cet arbre condamné.

Le plus fier de cet exploit, ce n'était pas lui, point de mire des félicitations… c'était moi le filleul qui, en son for intérieur, pouvait prétendre, devant le monde entier, avoir le parrain le plus cool de la Terre!

•—•

Lorsque maman Lorraine devait donner vie aux derniers de ses derniers enfants, il était convenu que les petits gars iraient demeurer chez des oncles et tantes le temps des accouchailles et des relevailles. Je me rappelle que mes frères Jean-Louis et Michel, et moi avons été hébergés à l'une de ces occasions par tante Thérèse et nous couchions tous trois, de travers, dans le même lit! C'était OK pour Michel et moi, mais il fallut installer une chaise pour recevoir la partie des jambes de Jean-Louis l'ado, qui dépassaient!

Au cours d'un de ces séjours, — mais était-ce le même? — il me revient à la mémoire que c'était l'été, qu'il faisait beau et chaud (ce devait donc être mon frère Pierre le petit à venir, puisqu'il est né le 30 juillet). Quel bonheur pour moi de vivre auprès de mes parrain-marraine mais, surtout, de partager les jouets et les jeux de mon cousin préféré, Roger. Car Roger, lui, en plus d'avoir presque le même âge que moi, avait de vrais jouets : une piste de course électrique, des camions Tonka, et quoi d'autres encore!

Cela se passait alors que Roger demeurait dans le secteur du Golf de Drummondville, tout à côté de l'usine de beignets, — Mmm, ça sent encore bon, il me semble! Roger avait un copain au bout de la rue qui «possédait» une piscine creusée. Il faisait chaud, je le rappelle, et malheureusement, un costume de bain n'entrait pas dans notre garde-robe de voyage. Qu'à cela ne tienne, ma généreuse et ingénieuse tante Thérèse se mit au boulot : elle me tailla et me cousit un costume dans une serviette de ratine. Il n'était pas du dernier cri ni du dernier chic, mais il faisait amplement le travail. Le costume était bleu pâle, si ma mémoire est bonne... Et, à la fin de la journée de piscine extérieure, le costume était toujours bleu-pâle... le reste de mon corps, lui, sans protection, était devenu rouge vif!

•—•

Il y eut une fois une grande rencontre familiale dans notre maison du chemin Hemming, au temps où nous occupions et l'étage et le rez-de-chaussée. Il y avait là des Granger en masse, des Michaud aussi. En quelle occasion? Je ne m'en souviens pas. Mais il y avait, hors de tout doute possible, mon oncle Maurice Dionne et il y avait mon oncle Marcel Michaud : deux conteurs d'histoires invétérés!

Lorsque ces deux-là se sont mis à dégainer leurs histoires à tour de rôle, on a eu droit à tout un spectacle digne de Roméo Pérusse en très grande forme. Comme Roméo, les premières salves d'histoires ont servi de réchauffement pendant lequel les deux adversaires se sont toisés et ont pris acte du talent et du répertoire de l'autre. Puis le rythme s'est accéléré. Et l'un de lancer une blague que l'autre relançait tout de go. On assista pendant près d'une heure à une véritable mitraille d'histoires et à un jaillissement de fous rires des spectateurs. Quelques-uns en sont presque morts... de rire bien sûr! Quelques tantes religieuses, au fond du grand salon, ont pieusement bouché leurs oreilles pour ne pas ouïr les blagues les moins catholiques.

Mais quels conteurs d'histoires étaient ces deux oncles Maurice et Marcel! Les M&M de la joke!

•—•

De Maurice Dionne mon parrain, j'ai le souvenir d'un homme enjoué, drôle, et un peu beaucoup maniaque de la lutte Grand

Prix (et autres versions) à la télé. Rire d'une bonne blague ou voir un «méchant» lutteur prendre le dessus sur le «bon», cela amenait mononcle Maurice presque au bord de crises d'apoplexie : son visage devenait rouge écarlate et, souvent, il fallait que matante Thérèse le raisonne, le gronde un peu ou tente de le calmer, tel un gamin qu'il fut, presque, toute sa vie. On avait beau lui rappeler occasionnellement que la lutte, c'était sport arrangé, le message n'a jamais passé. J'en veux pour preuve convaincante que, lors d'une visite faite chez Maurice et Thérèse, du temps qu'ils demeuraient près de l'église Sainte-Thérèse de Drummondville, sur le tard de leur vie, je le revois encore trépignant et haranguant le méchant faisant un mauvais parti à son favori! La lutte le rivait littéralement à son fauteuil!

Je le revois aussi encore ramassant naguère nos ordures ménagères lorsqu'il travaillait comme éboueur; j'attendais ce jour de la semaine avec grand plaisir et, de le voir soulever tous ces lourds fardeaux mis aux rebuts, me le rendait encore plus attachant.

De Thérèse Granger-Dionne, j'ai le souvenir d'une petite femme plus discrète mais pleine d'énergie et d'une grande générosité. Elle me semblait être la raison et le pragmatisme incarnés et celle qui tenait et savait ramener, chez elle, la maisonnée à l'ordre, dans tous les sens du terme.

•‑•

Mon oncle Maurice et ma tante Thérèse, mes parrain, marraine, sont deux personnes que j'ai beaucoup aimées et j'avoue qu'aller en visite chez eux ou les voir arriver chez nous m'était un bonheur immense et intarissable.

Pierrette et Lucien (2002)
Sur l'air de *Gens du pays*, de Gilles Vigneault.
Pour les noces d'or d'oncle Lucien et de tante Pierrette

Quand nous étions jeunes, on r'gardait à télé
Des grands, des héros en grande quantité
Capitaine Bonhomme, Zorro, Bugs Bunny
Notre bonheur était parfait
Jusqu'à ce qu'une lampe pétait...

Par la fenêtre, on watchait bien
L'arrivée de Super-Lucien
Quand y avait réparé l'bobo
Il était le héros des héros

Quand nous étions jeunes, avoir d'la visite
Était une fête qu'on aimait en bibite
Les mononcles, les matantes, les cousins, les cousines
Oui, on s'amusait en câline...
Dans le salon et la cuisine

La bonne humeur d'matante Pierrette
On ne pouvait pas la manquer
A' parlait fort, a' parlait drette
Elle égayait mille pieds carrés

Dans les circonstances de ce jubilé
Permettez-moi d'avoir une pensée
Pour ceux et pour celles qui nous ont quitté
Comme nous, elles vous ont tant aimés...
D'un amour pour l'éternité

Pierrette, Lucien, c'est votre tour
De vous laisser parler d'amour
Pierrette, Lucien, c'est votre tour
De vous laisser parler d'amour

Agathe ? Une perle ! (12 juillet 2013)
Hommage aux 60 ans de vie religieuse de tante Agathe Granger.

Tante Agathe, voici un petit éloge, bien mérité.

L'agate est une pierre fine, et une pierre précieuse dans son sens large. Tante Agathe, tu es une personne d'une grande finesse et oh! combien précieuse tu es pour ta communauté religieuse et pour ta parenté!

L'agate est une pierre qui peut prendre une multitude de formes et de couleurs; on peut même la colorer pour en relever la beauté. Ta bonté, tante Agathe, a, elle aussi, tout au long de ta vie, pris mille formes et mille couleurs et ce, au bénéfice et pour le plus grand bonheur des personnes qui t'entourent.

Il existe un Domaine des Agates, sur le Rhône, en France, qui produit un excellent vin d'akhatès (agate, en grec), nommé ainsi car les raisins ont l'apparence de belles agates aux couleurs chatoyantes et aux formes généreuses. C'est un vin élégant, parfumé et charpenté, selon ma source. Ainsi es-tu tante Agathe : belle, colorée, généreuse, élégante, dotée d'un parfum alliant l'amour et l'amitié. Concernant l'aspect, euh... plus délicat à traiter, de ta charpente, - loin de moi l'intention d'attenter à ta pudeur- disons seulement qu'elle a été assez solide pour te permettre d'accomplir toutes tes bonnes œuvres pendant 60 ans, et aussi de t'amener jusqu'à l'aube de tes 84 ans, au moment où ce texte te sera lu.

Et, si tu es réellement comme le bon vin, comme un grand cru qui se bonifie en bonté et en cherté avec l'âge, tu dois comprendre, tante Agathe, à quel point tu es devenue une personne d'une grande bonté, une personne estimable mais, surtout, combien tu nous es chère à nous, tes parents et tes amis!

UNE VIE DE... STARR (Septembre 2016)

Belle Starr, la reine hors-la-loi
(The Bandit Queen - L'Amazone de l'Ouest)

*Tous les textes historiques proviennent de WIKIPEDIA ou du site *Legends of America*

Préambule – La guerre de Sécession

La guerre de Sécession ou guerre civile américaine, aux États-Unis est une guerre civile survenue entre le 12 avril 1861 et le 9 avril 1865 et impliquant les États-Unis d'Amérique «l'Union», dirigés par Abraham Lincoln, et les États confédérés d'Amérique «la Confédération», dirigés par Jefferson Davis et rassemblant onze États du Sud qui avaient fait sécession des États-Unis. Les États confédérés d'Amérique regroupent la Caroline du Sud, le Mississippi, la Floride, l'Alabama, la Géorgie, la Louisiane, le Texas, la Virginie, l'Arkansas, le Tennessee et la Caroline du Nord. La signature de la paix laissa dans l'Ouest américain des haines inassouvies et un fond de violence, qu'alimentèrent des hommes comme Frank et Jesse James, et bien d'autres, qui refusèrent de déposer les armes et continuèrent sur la voie du vol et du meurtre, organisant des équipées sanglantes à des fins personnelles contre les riches propriétaires, les banques et les trains.

-1-
Le tonnerre des canons

Dans ce temps-là, des nuages
Noircissaient le ciel de mon pays
Il y avait là le présage
De jours noirs, de pénibles nuits

Quand le tonnerre des canons
Retentit pour deux justes causes
Certains voulant se faire un nom
Se firent bandits virtuoses

Pendant que les champs de bataille
Se jonchaient de morts, de blessés
Ceux-là qu'on traitait de racaille
Faisaient des raids tête baissée

Quatre années de guerre civile
Ont éradiqué l'esclavage
Mais dans l'Ouest, cette paix stérile
A fait naître vol et saccage

Les gangs, on les comptait par mille
Celui des James, Frank et Jessie
Les frères Younger, les Quantrill
Et tellement d'autres aussi

Puisqu'ils ne sont plus des soldats
Ils jouent du colt pour du fric
On les déclare hors-la-loi
Ils sont les parias d'Amérique

Aucune banque ni aucun train
N'est à l'abri de leurs attaques
Ils volent et ils tuent au besoin
Sans se soucier de qui les traque

Je commence mon histoire ici
Celle d'un petit bout de femme
Née dans les États-Désunis
Voici ses joies, ses peines, ses pleurs, ses drames...

-2-
Maybelle

John Shirley est un fermier prospère grâce au blé, marié en troisièmes noces avec Elizabeth Hatfield Shirley ; dans les années 1860, il vend la ferme et achète un hôtel, une étable et une forge dans la ville de Carthage, au Missouri. C'est là que Myra Maybelle Shirley, surnommée «May» par sa famille, est née le 5 février 1848. Maybelle Shirley reçut une instruction classique, apprit le piano et gradua avec succès au «Missouri's Carthage Female Academy», une école privée dont son père était co-fondateur. La famille Shirley déménagera une nouvelle fois pour la ville de Scyene, au Texas, peu avant la destruction de la ville de Carthage en 1864 par des bandits confédérés. C'est la même année que meurt l'aîné de la famille, John «Bud» Shirley, tué par les troupes unionistes à Sarcoxie, au Missouri.

Je suis Shirley, Myra Maybelle
Née en mil huit cent quarante-huit
May, c'est ainsi que maman m'appelle
Voici mon destin insolite

À l'académie de Carthage
J'ai appris le chant, le piano
Et je chantais, malgré mon âge
Dans un bar-saloon-casino

Ce saloon, il est à mon père
Riche fermier du Missouri
Il devient vite le repaire
Des cowboys comme des bandits

Jessie James et Cole Younger
Du temps qu'ils étaient poursuivis
Venaient y siroter leur bière
Assouvir toutes leurs envies

À seize ans, j'étais jeune et belle
Au saloon, les hommes éméchés
Disaient : «Quelle jolie rebelle?»
Mais n'osaient pas me toucher

On me jouait au revolver
On me jouait à la roulette
C'était là mon seul univers
Dont j'étais l'unique starlette

-3-
Mon premier amour - Jim Reed

(Premier mariage en 1866)

En 1866, Belle épouse James C. Reed, dit «Jim», un ami d'enfance de l'époque de Carthage. Ils ont deux enfants : une fille née en 1868, Rosie Lee dite « Pearl » et un garçon né en 1871, James Edwin, dit «Ed». Après avoir échoué en tant que fermier, Jim Reed fréquente de nombreux malfrats, dont les frères James, mais aussi le clan des Starr, une famille d'origine Cherokee connue comme voleuse de bétail et de chevaux. En avril 1874, Jim Reed attaque la diligence Austin-San Antonio et vole 2 500 dollars. Sa tête est mise à prix pour 7 000 dollars et il finit par être abattu près de Paris, Texas, alors qu'il essaie d'échapper au shérif le 6 août.

Mes yeux ne voyaient qu'un cowboy
Je rêvais de lui, jour et nuit
Il était beau comme un play-boy
Mon Roméo, c'était Jimmy

Il était mon ami d`enfance
Il devint mon premier mari
Finis les jours d'innocence
Je suis mariée avec Jimmy

Il m'a donné un long fusil
Et il m'a initiée au crime
«Pull the trigger babe, it's easy»
C'était un bum, c'était mon Jim

Il m'a donnée deux beaux enfants
Rosie Lee, puis le p'tit Eddy
Une perle, puis un garnement
Les enfants de mon chum Jimmy

Un jour, on lui tua son frère
Trouva et tua l'ennemi
Et bien qu'il fût moins en colère
J'ai dû m'enfuir avec Jimmy

Caché chacun de son côté
Nous voir n'était plus permis
Moi, je vivais de l'or volé
Par le gang de mon chum Jimmy

Après un vol de diligence
La loi mit sur lui une prime
Qui excita toute une engeance
Qui l'abattit, mon chum, mon Jim

Adieu pour toujours mon chum, mon Jim… mon Jimmy

-4-
Me voila «Starr» avec Sam

Désormais veuve, Belle quitte le Texas, où sa famille avait déménagé, lui confiant ses enfants. Elle fréquente le clan des Starr, qui vit dans le territoire indien, à l'ouest de Fort Smith aux limites de l'Arkansas et de l'Oklahoma dans le massif montagneux d'Ouachita, aujourd'hui le parc d'état Robbers Cave. En compagnie des Starr, elle planifie et organise divers vols, et protège les hors-la-loi. Elle gagne suffisamment avec ses méfaits pour parfois pouvoir libérer ses complices emprisonnés le cas échéant, elle avait recours à la séduction. Sa réputation est faite. C'est en 1880 qu'elle se marie avec Samuel «Sam» Starr, un grand et mince Cherokee. La lune de miel se fit sur les 62 acres de terres de Sam situées sur la rive nord de la Canadian River, près de Briartown. Belle nomma cet endroit Younger's Bend, en l'honneur de Cole Younger.

Comme un beau lever de soleil
Un autre amour commence à poindre
Ah! Il ne sera pas le moindre :
Une épopée, une merveille

Je l'ai bien vu dans mon rêve
Oui, cet amour sera le mien
Le voici, mon cowboy s'en vient
Il suffit que le jour se lève

Comme l'étoile du matin
Sam arriva sur sa monture
Son foulard bleu sur la figure
Son colt a scellé mon destin

Il était célèbre au Far-West
Starr était son nom de famille

Parker voulait qu'on le fusille?
Starr disparaissait plus à l'ouest

Je l'ai entendu dire : «Je t'aime»
Un matin, avant son départ;
«Viens avec moi, quitte ce bar
Viens vivre ma vie de bohème»

«Sam, je t'attendais tôt ou tard
Je pars avec toi mon amour
Et je te promets que toujours
Je vais être... ta Belle Starr»
Oui, je serai ta Belle Starr!

-5-
Un vol de bétail – Un procès – En prison

En 1882, des charges sont retenues contre Belle et Sam Starr dans une affaire de vol de chevaux. Le juge Isaac C. «Hanging - le lyncheur» Parker, de Fort Smith, qui poursuivait la criminelle sans succès jusqu'alors, arrête le couple qui se retrouve, en 1883, détenu pour un an à Détroit, Michigan. Belle est une prisonnière modèle, à tel point qu'elle gagne le respect de la directrice. Ce n'est pas le cas de Sam, qui se rebelle souvent et que l'on condamne à de durs travaux. Ils sont tous deux libérés après neuf mois de détention et repartent pour le Territoire Indien où ils reprennent leur vie de criminels. Les années suivantes, Belle est à plusieurs reprises arrêtée pour vol, mais le juge Parker doit la relâcher pour manque de preuves. Elle est encore arrêtée en 1886 pour avoir attaqué un bureau de poste habillée en homme.

Dans la prison du Michigan
Où je purge neuf mois de peine
Je revois ma vie de brigand
Et mes chevauchées dans la plaine

Je nous revois mon Sam et moi
À la tête de tout un gang
Cernant un troupeau de mustangs
Tentant de calmer leur émoi

C'est là qu'on nous a arrêtés
Pour vol, recel et marchandage
D'un troupeau qu'on a cru sauvage
Mais qui, au fer, était marqué

Dans ma prison du Michigan
J'ai été on ne peut plus sage
J'ai vite tourné cette page
Pour reprendre ma vie d'avant

J'ai refait le coup du bétail
Ces vols, je les faisais par cœur
Je savais cacher les détails
Au grand dam du juge Parker

Au fil des ans, tous ces larcins
Devinrent affaire lucrative
Et je donnais des pots-de-vin
Aux autorités réceptives

Cet argent m'a payé un ranch
Là où j'ai pu vivre tranquille
Me reposant dessous les branches
À l'abri des cris de la ville

-6-
L'Amazone de l'Ouest

Belle devint vite une célébrité et le journal Fox's Police Gazette la surnomma la Robin Hood (la Robin des Bois) et la Jesse James féminine, titres qui ont éclipsé peu à peu son titre de Bandit Queen (Reine des bandits ou Amazone de l'Ouest). On la vit même pour un temps participer au célèbre Wild West Show du non moins célèbre Buffalo Bill : elle y jouait un rôle dans une scène qu'elle connaissait bien : l'attaque d'une diligence.

Une longue robe en velours
Revolvers à droite et à gauche
Sur le mustang que je chevauche
Je vais en ville faire un tour

Le soir, quand la cloche sonne
Au galop, tirant du fusil
Je crie comme une Cherokee
Tous assistent au show que je donne

Derrière moi, la fumée qui reste
Semble recouvrir mes méfaits
Pour les gens, dès que je parais
Je suis l'Amazone de l'Ouest

-7-
Que sont mes enfants devenus?

En juillet 1889, le fils de Belle, Eddie, est arrêté et condamné pour vol de chevaux. Le Juge Parker l'emprisonne à Columbus, Ohio. Sa fille, Rosie dite Pearl, se prostitue pour faire sortir son frère de la prison; elle obtiendra pour lui en 1893, le pardon du président des États-Unis, Stephen Grover. Ironie du sort, Eddie devint «sherif-deputy» du Fort Smith et, à ce titre, tua en 1895 deux frères criminels nommés Crittenden. Lui-même fut tué le 14 décembre 1896 dans un saloon de Claremore, en Oklahoma.

Quant à elle, Pearl opéra plusieurs bordels à Van Buren et au Fort Smith, en Arkansas, du début des années 1890 et ce, jusqu'à la Première Guerre mondiale. Telle mère, tels enfants!?!

Je me demande : «*Que sont mes enfants devenus?*»
Mon tout petit Edwin, et Rosie Lee, ma perle
Que faites-vous, depuis ma dernière venue?
Restez bien à l'abri des vents forts qui déferlent!

Je me demande : «*Que sont mes enfants devenus?*»
Mon tout petit Edwin, et Rosie Lee, ma perle
Je nous vois tous dans un monde plus ingénu
Où l'on n'entendrait plus que la flûte et le merle

Je me demande : «*Que sont mes enfants devenus?*»
Mon Edwin, on me dit que toi aussi tu voles?
Rosie Lee se prostitue pour un revenu?
Mon Dieu! Comme toutes ces choses me désolent...

-8-
La mort de Sam dans un «gunfight»

Le 17 décembre 1886, lors d'un party de Noël, Sam Starr et Frank West, un ennemi de longue date, décident de régler une vieille querelle et se retrouve face à face dans un duel. Les deux belligérants mourront peu après de leurs blessures.

Je vous accuse Officier West :
Vous avez tué ma monture
Je vous en prie «*Be my guest*»
Sortez dehors, je vous conjure

Ayez votre colt avec vous
Vérifiez qu'il a ses six balles
Vous devrez tirer coup sur coup
À vingt pieds, la lutte est égale

Je vous ai tiré dans le cou
On voit votre sang qui dégoutte
Vous êtes blessé, à genoux
Mourant, il n'y a pas de doute

Ce duel semblait prendre fin
Sam Starr emportait la victoire
Lorsque dans un effort soudain
West voulut continuer l'histoire

Il leva le bras et fit feu
Sam prit la balle dans les côtes
Il trébucha, cligna des yeux
Et hurla pour qu'on la lui ôte

Deux hommes sont morts ce jour-là
Le voleur et le détective
Ces duels faisaient des dégâts
Et aux femmes, des douleurs vives

Belle, la «reine des bandits»
Qui vit agoniser son homme
Sonnée tel un bœuf qu'on assomme
Du crime en perdit l'appétit

-9-
Toujours Starr avec Jim July Starr

Pendant un peu plus de deux années, les journaux à potins et à scandales l'associent avec plusieurs hommes aux noms colorés jusqu'au jour de son troisième mariage avec un parent de son défunt mari.

Après la mort de mon mari
Je fus un objet de scandales
J'ai eu plusieurs petits amis
De courtes amours immorales
Tous portaient un nom coloré
Aux consonances un peu bizarres
Et de piètre renommée
Blue Duck, Jim French et Jack Spaniard

Un jour pourtant je fis un choix
Sur un gars de trente ans à peine
Je voulais qu'aux yeux de la loi
Je sois sur une Terre indienne

Mariée à Jim July Starr
De quinze ans mon cadet
Je restais toujours une star
Dans ce grand far-west que j'aimais

J'ai vécu avec Jim July
Vie que je désirais plus douce
Mes folles chevauchées, bye bye!
Je regarde mon blé qui pousse...

-10-
Une balle dans le dos

Belle Starr meurt de manière tragique deux jours avant ses 41 ans, soit le 3 février 1889, près de son ranch d'Eufaula dans l'Oklahoma. Elle revenait à cheval de faire quelques achats quand quelqu'un lui tira dans le dos. L'identité du meurtrier n'a jamais été élucidée mais plusieurs personnes furent suspectées.

J'ai reçu une balle dans le dos
Qui a tiré, qui a eu cette audace?
Mon enfer sera sans repos
Je meurs sans lui avoir vu la face

Oui, je comptais bien quelques ennemis
Dans le temps de ma vie moins tranquille
Pour me retrouver, beaucoup s'y sont mis
Flics, chasseurs de primes, fermiers hostiles

Oui, la vie que j'ai vécue
A fait des morts et des blessures
Mais elle ne m'a jamais déçue
Je l'ai vécue à toute allure
Je l'ai vécue à toute allure – au grand galop!

J'ai reçu une balle dans le dos
Qui a tiré, qui a eu cette audace?
Mon enfer sera sans repos
Car je meurs sans lui avoir vu la face

Mais qui maudire du fond de mon enfer?
Mon Jim July, mon amant Cherokee
Ou ce Watson dont je squattais les terres
Un soupçon pesa même sur mon fils Eddy

Oui, la vie que j'ai vécue
A fait des morts et des blessures

Elle ne m'a jamais déçue
Je l'ai vécue à toute allure

C'est ça la vie que j'ai vécue
Je l'ai vécue à toute allure
Je l'ai vécue à toute allure – au grand galop!

-11-
Épitaphe

(Épitaphe rédigée par sa fille Pearl)

Ne versez pas, pour elle, de larmes amères
Et ne laissez pas votre cœur la regretter
Il n'y a ici qu'un cercueil, dedans : ma mère
Et cette gemme qui dort, toujours va briller

«Shed not for her the bitter tear
Nor give the heart to vain regret
'Tis but the casket that lies here
The gem that filled it sparkles yet»

Ne versez pas, pour elle, de larmes amères
Et ne laissez pas votre cœur la regretter
Il n'y a ici qu'un cercueil, dedans : ma mère
Et cette gemme qui dort, toujours va briller

•_•

Déclaration de Belle Starr au journal *The Fort Elevator*, un an environ avant sa mort :

«I regard myself as a woman who has seen much of life.»
«Je me considère comme un femme ayant beaucoup vécu.»

Belle Starr aura vraiment été, à sa manière, une star de l'Ouest américain!

L'AVENIR, MAIS QUEL AVENIR?
Mes vœux pour un an prochain (Décembre 2015)
...et pour les suivantes aussi, j'en ai bien peur!

Une société québécoise...
Respectueuse des différences
Mais fière et orgueilleuse de son histoire
De ses racines et de ses valeurs
Qui met au monde assez d'enfants pour se renouveler
Qui accueille avec soin des immigrants
Qui démontrent un intérêt
Pour la société qui les accueille
Qui érige à ses enfants des écoles
Confortables et fonctionnelles
Qui considère l'éducation et l'enseignement
Comme les conditions sine qua non de sa survie

Des écoles...
Qui enseignent la discipline et les disciplines aux jeunes
Et qui interpellent les jeunes comme les parents

Un monde du travail...
Qui n'accueille pas les jeunes comme des orphelins
En édictant pour eux une clause «orphelins»
Qui limite leurs droits et leurs avantages
Patronat, les jeunes t'aimerait *Santa Clauss*
i.e. *«Sans ta clause»* des orphelins!

Une justice...
Qui ne ruine pas ceux et celles qui la revendiquent
Qui ne libère pas ses criminels et ses vicieux...
...Pour vice de forme

Des religions...
Qui prônent l'amour dans leurs églises, leurs temples
Leurs synagogues et qui le pratiquent à l'extérieur

Une église catholique...
Qui accueille avec amour, sans préjugés
Sans tergiversations ni sexisme
Et qui serait beaucoup moins riche
D'avoir trop donné aux pauvres et aux démunis

Un peuple québécois...
Qui connait son histoire et parle sa langue
Correctement et avec fierté

Des jeunes...
Qui deviennent des adultes dès l'âge adulte!

Des adultes...
Qui cessent un jour d'agir comme des enfants ou des ados

Des aînés...
Qui ne s'exilent pas six mois tous les hivers venus

Des enfants...
Qui n'abandonnent pas leurs parents et grands-parents
Eux qui ne les ont jamais abandonnés

Des élus et des élites...
Qui ne se conduisent pas comme des truands

Des gouvernements...
Qui ne sont pas gouvernés par le capital et e eul intérêt$
Et qui dépensent notre argent
Aussi sagement que si c'était le leur

Un monde...
Naturellement respectueux de la nature
Désarmant par l'absence d'armes
Sans égal pour l'égalité entre les humains
Et surtout, surtout, surtout,
Qui ne rejette plus jamais d'Aylan Kurdi
Sur aucune de ses plages!

DES FLEURS ET DES ÉPINES – DERNIÈRE
Que le monde est merveilleux!

What a wonderful world! – George David Weiss/Bob Thiele/Louis Armstrong

Louis Armstrong, afro-américain, est né à la Nouvelle-Orléans, Louisiane, en 1901 et est décédé à New-York en 1971. Il fut un trompettiste de jazz renommé. Pendant plus de quarante ans, de tournées en tournées, Louis Armstrong devint le meilleur ambassadeur du jazz à travers le monde entier. Son interprétation de la chanson *What a wonderful world*, sortie en 1968, devint son dernier mais son plus énorme succès, qu'on ne peut dissocier de la lutte pour les droits civiques des Noirs aux États-Unis. Un seul mot transcende les paroles de cette chanson : ESPOIR!

I see trees of green,	Je vois les arbres verts
Red roses too	Les roses rouges
I see them bloom	Tout leur éclat
For me and you	Pour toi et moi
And I think to myself	Et je me dis tout bas
What a wonderful world	Que le monde est merveilleux!
I see skies of blue	Je vois les ciels bleus
And clouds of white	Les nuages blancs
The bright blessed day	Les jours radieux
The dark sacred night	Les soleils couchants
And I think to myself	Et je me dis tout bas
What a wonderful world!	Que le monde est merveilleux!
The colors of the rainbow	Les couleurs de l'arc-en-ciel
So pretty in the sky	Si jolies dans le ciel
Are also on the faces	Sont aussi dans les cœurs
Of people going by	Des milliers de flâneurs
I see friends shaking hands	Vois, ils se serrent la main
Saying «How do you do?»	Se disent : «*Ça va, l'ami?*»
They're really saying	Mais, j'entends très bien
«I love you!»	Leurs : «*Je t'aime!*» aussi

I hear babies crying	Je vois les enfants
I watch them grow	Devenir grands
They'll learn much more	Beaucoup plus savants
Than I'll never know	Que dans mon temps
And I think to myself	Et je me dis tout bas
What a wonderful world	Que le monde est merveilleux !

Ode à la dernière baleine

To The Last Whale (David Crosby/Graham Nash)

En 1975, David Crosby et Graham Nash ont écrit cette très belle chanson :
To The Last Whale - Critical Mass - Wind on The Water

Quand la dernière baleine aura disparue, l'homme méritera-t-il de lui survivre ?

Depuis longtemps, nous te pourchassons
Nous les hommes avec nos harpons
Et d'ici peu tu vas mourir
Pour nos chiens, nos chats à nourrir
Pour mettre nos fleurs dans des pots
Et faire rouges à lèvres et fards pour la peau

Depuis longtemps, tu parcours les océans
Animée de tes seuls sentiments
Te voilà couchée sur le rivage
Ton corps mis au dépeçage
Ce carnage est honteux
Il nous éclabousse les yeux

Nous partirons peut-être
Nous disparaîtrons peut-être
On sait bien ce qui va arriver
Mais on ne veut pas s'en occuper

Sous le pont
Au-dessus de l'écume
Le vent sur l'onde…
Ramène-moi à la maison…

To The Last Whale (V. O.)
(David Crosby – Graham Nash)

Over the years you have been hunted
by the man who throws harpoons
And in the long run he will kill you
just to feed the pets we raise
put the flowers in your vase
and make the lipstick for your face

Over the years you swam the ocean
Following feelings of your own
Now you are washed up on the shoreline
I can see your body lie
It's a shame you have to die
to put the shadow on our eye

Maybe we'll go
Maybe we'll disappear
It's not that we don't know
It's just that we don't want to care

Under the bridge
Over the foam
Wind on the water
Carry me home…

NAÎTRE

MOURIR